Les 10 plus beaux Châteaux racontés aux enfants

Auteur : Élisabeth de Lambilly
Illustrations : Alain Boyer

LAROUSSE

Direction de la publication : Carine Girac-Marinier
Direction éditoriale : Florence Pierron-Boursot
Édition : Magali Corbel
Responsable artistique : Laurent Carré
Graphisme : Become Studio
Fabrication : Rebecca Dubois

21, rue du Montparnasse – 75006 Paris
ISBN : 978-2-03-592763-7
Imprimé en Espagne par Grafica Estella
Dépôt légal : avril 2016
317783-01/11032553 – mars 2016

SOMMAIRE

LE HAUT-KŒNIGSBOURG,

caprice de Frédéric Barberousse

Il l'a dit

C'était qui, Frédéric Ier ?

Nom : de Hohenstaufen
Prénom : Frédéric Ier
Surnom : Barberousse
Né : vers 1122
À : Waiblingen (en Allemagne)
Mort le : 10 juin 1190
En : Cilicie (Turquie)
Signe particulier : possède une magnifique barbe… rousse !
Son principal ennemi : le pape, auquel il cherche à prendre des territoires en Italie.
Son emblème : il est le premier empereur germain à avoir utilisé l'aigle comme symbole impérial.

Frédéric Ier est élu roi du Saint Empire en 1152 et couronné empereur trois ans plus tard. Le Saint Empire correspond à la partie orientale de l'empire de Charlemagne, englobant notamment l'Allemagne, le nord et le centre de l'Italie et l'est de la France. En 1189, il part en croisade avec le roi de France Philippe Auguste et Richard Cœur de Lion. Pendant le voyage, il se noie accidentellement en Turquie.

Il était une fois… un vol !

Pour renforcer son pouvoir en Alsace, Frédéric Barberousse y fait construire de nombreux châteaux forts. Mais celui du Haut-Kœnigsbourg est illégal ! En effet, la montagne où Frédéric le fait édifier ne lui appartient pas : elle a été donnée par Charlemagne à des moines qui dépendent de l'abbaye de Saint-Denis.

Une place stratégique

Pendant plusieurs siècles, le château appartient à la famille impériale. Niché sur un éperon rocheux, dominant une région frontière et commerciale, c'est un château très convoité. Au XVe siècle, il est même agrandi et modernisé pour résister à des armes à feu de plus en plus efficaces. Mais en 1633, lors de la guerre de Trente Ans, il est pillé, brûlé et laissé en ruine. Peu après, l'Alsace devient officiellement française. La forteresse ne sera restaurée qu'au tout début du XXe siècle.

Le sais-tu ?

En 1870, l'Alsace et la Lorraine sont annexées par l'Allemagne. C'est pourquoi le Haut-Kœnigsbourg est restauré par l'empereur allemand Guillaume II.
Les deux régions ne redeviennent françaises qu'en 1919 !

Incroyable !

Au XVe siècle, le château tombe aux mains de chevaliers-brigands qui pillent et rançonnent tous les convois qui passent. Excédées, les villes de Colmar, Strasbourg et Bâle envoient une armée pour reprendre la forteresse.
Les malfaiteurs sont chassés et le château est confié à la famille de Thierstein, chargée de le moderniser.

Où ?
En Alsace, près de la ville de Sélestat

Quand ?
Dès le XIIe siècle

Grand comment ?
Long de 270 m
Large de 40 m

Signe particulier ?
Perché comme un nid d'aigle !

À la Loupe

Bien protégé !

À l'ouest, du côté où l'ennemi pouvait le mieux attaquer avec l'artillerie, on construit au XVe siècle le grand bastion. Il offre une vue circulaire sur toute la vallée. En haut de la courtine (muraille reliant les deux tours), des canons sont installés.

Symbole de puissance

Le donjon qui domine la cour est de forme carrée. Du haut de ses 65 m, il se dresse au-dessus de la plaine. Symbole de la puissance du seigneur, c'était derrière ses murs de 2 m d'épaisseur que l'on trouvait un ultime refuge en cas d'attaque.

Dur dur, l'accès au logis !

Le logis du seigneur est particulièrement bien gardé. Pour y accéder, il faut gravir un escalier protégé par de nombreuses meurtrières, passer par cinq portes et franchir un fossé équipé d'un pont-levis !

De l'eau !

En cas de siège, se ravitailler en eau est capital. Le puits, très profond (62 m), est donc placé au cœur de la forteresse et protégé par une tour. On a retrouvé dedans des pièces de monnaie, et même des boulets de canon !

L'IDÉE DE GÉNIE

En 1899, Guillaume II décide de restaurer le château et de le présenter tel qu'il était au XVe siècle pour en faire un musée. Le chantier est énorme. En huit ans, tout est terminé, car le jeune architecte Bodo Ebhardt a recours aux techniques les plus modernes : une station de pompage fournit l'eau courante, une locomotive achemine les pierres, et l'électricité permet d'éclairer le chantier et de faire fonctionner deux grues (alors que les villages alentour n'ont pas le courant !).

C'EST PAS VRAI ?

Frédéric Barberousse représente le chevalier idéal. Toujours prêt à combattre, il part même en croisade à 63 ans ! Après sa mort, une légende naît à son sujet : on raconte qu'il dort dans une montagne et qu'il se réveillera un jour pour rendre sa grandeur au pays.

VISITE GUIDÉE

Au-dessus de la porte principale du château, on voit des armoiries. Ce sont celles de Guillaume II. Personne ne doit ignorer que c'est lui qui a fait restaurer le château !

INSPIRATION…

L'atmosphère unique du Haut-Kœnigsbourg n'a cessé d'inspirer le cinéma. En 1937 y est tourné le très célèbre film *La Grande Illusion*. Plus récemment, le directeur artistique du *Seigneur des anneaux* l'a pris pour modèle pour dessiner la citadelle de Minas Tirith !

SCOOP

L'EMPEREUR GUILLAUME II À SÉLESTAT !

CARCASSONNE,

forteresse chère à Saint Louis

Il l'a dit

Si je dépense beaucoup d'argent quelquefois, j'aime mieux le faire en aumônes.

Nom : de France
Prénom : Louis
Nom de règne : Louis IX ou Saint Louis
Né le : 25 avril 1214
À : Poissy
Mort le : 25 août 1270
À : Tunis
Signe particulier : souvent représenté avec une simple couronne d'or et une auréole
Sa passion : la justice.

C'était qui, Louis IX ?

Très grand, souriant, Louis IX est un roi populaire. Il réforme la justice : désormais, chacun peut contester devant le roi la décision d'un seigneur. Il crée de nombreuses institutions d'aide aux pauvres et limite les violences entre seigneurs en interdisant les tournois et les duels. Très croyant, il part deux fois en croisade, en 1248 et en 1270. La même année, il meurt de la dysenterie à Tunis.

Le début de l'histoire

Au-dessus de l'Aude et dominant la plaine se dresse la cité de Carcassonne, formée d'un château entouré d'une double muraille. On sait que le site est occupé depuis le VIIIe siècle avant J.-C.
En – 122, les Romains édifient les premiers remparts. Sa situation exceptionnelle en fait une place disputée : elle sera occupée par les Wisigoths, puis par les sarrasins. C'est au XIIe siècle que la puissante famille des Trencavel fait construire un premier château qui s'appuie sur les remparts romains.

Une place forte

Au cours de la croisade contre les albigeois, en 1226, la forteresse est rattachée au domaine du roi de France. Une nouvelle enceinte est édifiée pour améliorer la défense du château car c'est un lieu stratégique : Carcassonne garde en effet la frontière de France ! En 1639, les limites du royaume sont repoussées et la cité fortifiée perd son rôle défensif. Elle est entièrement restaurée au XIXe siècle.

Incroyable !

Saint Louis, qui se sent trahi par les habitants de Carcassonne, leur interdit de rebâtir près de la cité ! Ils doivent s'installer de l'autre côté de l'Aude. C'est la Bastide Saint-Louis (ville basse).

Le sais-tu ?

En 1209, Raimond-Roger Trencavel renonce à Carcassonne, mais son jeune fils Raimond II n'est pas de cet avis. En 1224, il parvient à récupérer le château et ses remparts. Le roi les reprend peu après. Il fait une nouvelle tentative en 1240… mais c'est un nouvel échec ! Il se soumet finalement à Saint Louis.

Où ?
À Carcassonne, dans le département de l'Aude, à 100 km au sud de Toulouse

Quand ?
Dès le Ier siècle av. J.-C.

Signe particulier ?
Une double enceinte

À la Loupe

Passer le pont avant d'entrer…

Le château est séparé de la ville par un profond fossé sans eau, aussi appelé « douve sèche ». Le pont de pierre qui permet de le franchir était autrefois en trois parties : une en bois, une autre en pierre et la dernière constituée par un pont-levis.

Salle de réception

Dans la grande salle voûtée du donjon, la tour principale du château, le seigneur reçoit ses invités et montre sa puissance. Une très rare peinture murale a été retrouvée. Elle représente un combat entre un chevalier et un sarrasin.

Un château très protégé

Les seigneurs de Carcassonne, les Trencavel, doivent abandonner leur château quand Saint Louis s'empare de la cité. Le sénéchal qui s'y installe alors fait édifier, sur ordre du roi, une véritable fortification tout autour !

La « tour Pinte »

Depuis la cour d'honneur du château, on pénètre dans le palais. Il possède un donjon, deux corps de logis et une tour de guet de 30 m de haut. Aussi appelée « tour Pinte », c'est la plus haute du château.

L'IDÉE DE GÉNIE

Pas facile de pénétrer à l'intérieur de l'enceinte ! À la porte Narbonnaise, les deux tours à bec (en pointe) permettent de dévier les tirs ennemis, et le plafond du passage cache deux herses et deux assommoirs (ouvertures par lesquelles on jette des blocs de pierre). Cette porte est elle-même défendue par une barbacane (fortification) dont l'ouverture est placée de biais pour masquer l'entrée de la cité !

C'EST PAS VRAI ?

Une légende raconte qu'une certaine Dame Carcas dirigeait la cité lorsque Charlemagne voulut s'en emparer et l'assiégea. Quand l'empereur abandonna le siège, la Dame, pour célébrer sa victoire, fit sonner toutes les cloches, donnant ainsi son nom à la place forte : « Dame Carcas sonne... » !

VISITE GUIDÉE

Sur le pont-levis, à l'entrée des remparts, se trouve justement une statue de Dame Carcas accueillant les visiteurs !

UNE CROISADE EN FRANCE !

Au XIIe siècle, dans le midi, les cathares, appelés aussi « albigeois », critiquent l'Église et développent une nouvelle religion. En 1209, le pape et Saint Louis organisent contre eux une croisade d'une rare violence. Le vicomte de Trencavel, seigneur de Carcassonne, prend le parti des cathares, mais doit finalement s'incliner face au roi.

SCOOP

LE DERNIER TRENCAVEL CAPITULE !

SUSCINIO,

une résidence pour Anne de Bretagne

Sa devise

Non mudera.*

*Je ne changerai pas.

C'était qui, Anne de Bretagne ?

Nom : de Bretagne
Prénom : Anne
Née le : 25 janvier 1477
À : Nantes
Morte le : 9 janvier 1514
À : Blois
Signe particulier : deux fois reine de France
Sa passion : son duché de Bretagne.

Anne est la fille unique du duc de Bretagne. Son père meurt lorsqu'elle est encore très jeune. À 12 ans, elle épouse Maximilien de Habsbourg mais le roi de France, Charles VIII, fait annuler le mariage : il préfère l'épouser lui-même pour récupérer la Bretagne ! Après la mort du roi, Anne est mariée à son successeur, Louis XII. Même reine, Anne fera tout pour préserver l'autonomie de son duché.

Le début de l'histoire

Avant de devenir résidence pour les ducs de Bretagne, Suscinio abrite un monastère. Mais la situation exceptionnelle du domaine, entre terre et mer, va rapidement attirer les ducs de Bretagne qui y font de grands travaux. Un premier logis pour la chasse est construit en 1218. À la fin du XIVe siècle, Jean IV et Jean V de Bretagne le transforment en une impressionnante forteresse.

À la cour

Anne est une femme intelligente et très cultivée. Intéressée par les arts, elle protège de nombreux artistes et fait venir à sa cour les meilleurs poètes et les musiciens les plus célèbres de son temps. Quand elle se rend dans son duché, elle réside au château de Nantes, mais elle affectionne aussi beaucoup Suscinio. En 1532, lors du rattachement de la Bretagne à la France, le château est confisqué par François Ier et devient propriété des rois de France. Il est peu à peu abandonné.

Le sais-tu ?

La première monnaie datée en France, frappée en 1498, représente Anne de Bretagne, assise sur le trône et couronnée. Sur sa robe, on reconnaît les célèbres queues d'hermine que l'on retrouve sur le drapeau de la Bretagne.

Incroyable !

Autrefois, autour de Suscinio s'étendait la grande forêt de Rhuys, qui regorgeait de gibier. C'est sans doute pour la chasse que les ducs de Bretagne le préférèrent au château de Nantes et à celui de Vannes. D'ailleurs, un cerf sculpté figure dans un écusson au-dessus du porche d'entrée.

Où ?
À Sarzeau, en Bretagne

Quand ?
À partir du XIIIe siècle

Signe particulier ?
Au bord de l'océan Atlantique

Un symbole d'autorité

L'entrée du château est très imposante, sans doute pour impressionner les visiteurs qui pénètrent dans le château. Elle est flanquée de deux grosses tours, la tour des Salines à gauche et la tour Saint-Nicolas à droite.

Le grand logis

Trois escaliers à vis desservent les quatre niveaux du logis. Malgré les éléments d'architecture caractéristiques d'un château fort (comme les mâchicoulis ou le chemin de ronde), les grandes fenêtres montrent que Suscinio était avant tout un lieu de résidence.

La chapelle

Au deuxième étage du logis, une petite chapelle privée était destinée au duc et à la duchesse. À gauche de l'autel se trouve une armoire dans laquelle on rangeait les objets du culte.
À droite, une petite niche abritait une statue.

Attention !

Les douves qui entourent le château sont d'une profondeur allant de 3 à 4 m. Simples fossés au départ, elles ont été agrandies au XIVe siècle pour dissuader les éventuels intrus.

L'IDÉE DE GÉNIE

François II, le père d'Anne de Bretagne, fait construire un nouveau logis sur le côté ouest du château. Pour se rendre dans les appartements situés au premier et au deuxième étage, un ingénieux escalier de façade est aménagé.

VISITE GUIDÉE

Le grand logis possède de vastes appartements privés. Dans chacun d'eux, on entre par une chambre à parer où l'on vivait et recevait les invités. Des bancs sont aménagés dans l'embrasure des fenêtres, appelés « les coussièges ». Suit une deuxième chambre, la chambre de retrait. C'est celle où l'on dormait.

SUSCINIO, RÉSIDENCE GRAND CONFORT !

À chaque niveau du logis se trouvent des latrines, c'est-à-dire des toilettes. À côté d'une chambre, on a aussi retrouvé la trace d'une étuve, une petite pièce chauffée à la vapeur, à la manière des thermes antiques, dans laquelle on peut faire sa toilette au chaud ! Un vrai luxe à l'époque !

C'EST PAS VRAI ?

Dans les ruines de la chapelle du château, qui aurait brûlé au XIVe siècle, on a retrouvé un carrelage médiéval unique, très bien conservé, couvrant une surface de 300 m^2. Les pavés sont ornés de motifs dont les sujets ne sont pas habituels : bouffons, dromadaires, femmes-oiseaux… Un vrai trésor !

SCOOP

ANNE ARRIVE À SUSCINIO !

LE CHÂTEAU D'AMBOISE,

berceau de Charles VIII

Sa devise

Si Deus pro nobis, quis contra nos ? *

* Si Dieu est pour nous, qui sera contre nous ?

Nom : de France
Prénom : Charles
Nom de règne : Charles VIII
Né le : 30 juin 1470
À : Amboise
Mort le : 7 avril 1498
À : Amboise
Signe particulier : chétif et maladif
Son emblème : l'épée flamboyante.

C'était qui, Charles VIII ?

Charles VIII est le seul fils de Louis XI. À la mort de son père, il n'a que 12 ans. Bien que passionné de romans de chevalerie, il est très timide et peu entreprenant. En 1491, il se marie avec Anne de Bretagne, l'unique héritière du duché de Bretagne. Sous son règne, la France entre dans l'époque de la Renaissance. D'ailleurs, Charles VIII entreprend le début de la construction des châteaux de la Loire avec celui d'Amboise.

Le début de l'histoire

Depuis le début du Moyen Âge, la ville d'Amboise, au bord de la Loire, est entourée de fortifications et surmontée d'une forteresse. Celle-ci est confisquée en 1434 par le roi Charles VII. Désormais, les rois de France vont y faire des séjours de plus en plus longs. C'est là que Charles VIII naît et passe son enfance. Une fois sur le trône, il ordonne de grands travaux pour rendre le château plus à la mode, et surtout plus confortable !

La Renaissance

La place forte médiévale devient alors un somptueux palais gothique. De ses guerres d'Italie, Charles VIII a ramené des artistes auxquels il confie le chantier. Il fait construire une chapelle, deux tours de dimensions exceptionnelles, une aile pour les logis du roi et de la reine. Il fait aussi aménager des jardins entre le palais et les fossés. Sa mort prématurée va l'empêcher de voir les travaux se terminer.

Le sais-tu ?

Amboise est le château dans lequel François Ier passe son enfance. Lorsque, devenu roi, il quitte le château, il accorde à la ville des privilèges particuliers « en souvenir des plaisirs et récréations que nous avons toujours pris au somptueux château ».

Incroyable !

À partir de 1547, catholiques et protestants se déchirent pour contrôler le pouvoir. À Amboise a lieu un épisode tragique le 17 mars 1560 : cinquante-sept protestants accusés de complot sont exécutés sous les yeux de la cour. Et les cadavres de certains d'entre eux sont accrochés aux balcons du château…

Où ?
À Amboise

Quand ?
À partir de 1446

Grand comment ?
Il était immense, il ne reste qu'un cinquième de ses bâtiments

Signe particulier ?
Sur un promontoire rocheux

Une chapelle pour Léonard

Construite après le retour d'Italie de Charles VIII, la chapelle Saint-Hubert est dotée d'un magnifique décor gothique, comme en dentelle de pierre. Elle est célèbre car elle abrite le tombeau d'un grand artiste de la Renaissance : Léonard de Vinci.

Appartements royaux

Le logis fait face à la Loire. Dès la fin de 1493, le roi et la reine s'installent dans ce nouveau bâtiment. Il se compose de deux appartements superposés. Celui de la reine est au rez-de-chaussée, celui du roi, au premier étage. Ils communiquent par un escalier privé.

La salle du conseil

C'est la plus belle pièce du château. Elle possède deux grandes nefs avec des piliers décorés de fleurs de lys et de queues d'hermine (l'emblème d'Anne de Bretagne). Ses belles fenêtres donnent sur la Loire. C'est aux balcons de cette pièce que furent pendus les corps des condamnés de 1560.

Musique !

Comme son nom l'indique, la salle des tambourineurs fait référence aux nombreuses fêtes qui se déroulèrent ici. Le sol est recouvert de carreaux de terre cuite portant une fleur de lys.

PRISON !

Au XVIIe siècle, sous le règne de Louis XIV, la tour de Minimes sert de prison d'État. On y voit encore les graffitis laissés par les prisonniers. Le Roi-Soleil y fait même enfermer un temps Nicolas Fouquet. Plus tard, en 1847, c'est Abd el-Kader, un émir arabe s'opposant à la conquête de l'Algérie par la France, qui sera emprisonné au château pendant quatre ans !

C'EST PAS VRAI ?

À l'invitation de François Ier, Léonard de Vinci s'installe à Amboise, près du château, au Clos-Lucé. On raconte que le roi, voulant rendre visite à sa guise au vieil homme, avait fait creuser un souterrain reliant les deux bâtiments. Mais ce n'est qu'une légende…

L'IDÉE DE GÉNIE

La tour Heurtault et la tour des Minimes, les deux tours cylindriques d'Amboise, sont uniques en France. Chacune possède à l'intérieur une rampe qui monte doucement en colimaçon. Ainsi, les chevaux et les carrosses peuvent les emprunter pour accéder à la cour du château, qui domine la ville et la Loire de plusieurs dizaines de mètres.

VISITE GUIDÉE

Sur le plafond de la salle du conseil, on trouve le monogramme de Charles VIII (lettres C entrelacées) et celui d'Anne de Bretagne (lettre A).

SCOOP

MORT DU ROI EN PLEIN SPORT !

LE CHÂTEAU DE CHAMBORD,

à la gloire de François Ier

Il l'a dit

Car tel est notre bon plaisir !

C'était qui, François Ier ?

C'est le roi de France de 1515 à 1547. Élégant et courageux, il est aussi un peu fantaisiste. Il renforce le pouvoir du roi, qui est selon lui le seul à devoir prendre les décisions importantes du pays. Passionné de livres et amateur d'art, il protège de nombreux artistes, dont Léonard de Vinci, qu'il appelle « mon père ». C'est lui qui décide que le français doit être la langue officielle du royaume, à la place du latin.

Nom : d'Orléans
Prénom : François
Nom de règne : François Ier
Né le : 12 septembre 1494
À : Cognac
Mort le : 31 mars 1547
À : Rambouillet
Signe particulier : mesure 2 mètres !
Son éternel ennemi : Charles Quint, empereur des Romains, qui veut conquérir certaines régions de France.

Le début de l'histoire

À la Renaissance, la guerre s'éloigne des frontières du royaume et les châteaux n'ont plus besoin d'être des forteresses à hautes murailles. Ils peuvent devenir des lieux de vie et de fêtes, richement décorés et accueillants. François Ier est le premier roi à faire construire de somptueux châteaux qui servent de lieux de résidence pour lui et sa cour.

Qu'il est beau, mon château !

Juste après sa victoire à Marignan en 1515, le jeune roi François veut édifier quelque chose d'exceptionnel. Ce sera l'immense château de Chambord. Unique pour son temps, tout y est nouveau : il a un plan géométrique, des façades très décorées, et il s'ouvre sur l'extérieur grâce à ses nombreuses fenêtres et ses grandes portes. Même s'il en est très fier, François Ier n'y vit quasiment pas. C'est pour lui un symbole de puissance plutôt qu'un lieu de résidence. C'est là qu'il invite ceux qu'il veut éblouir…

Le sais-tu ?

Le château de Chambord est inscrit au patrimoine mondial de l'humanité par l'UNESCO en 1981.

Incroyable !

Le parc qui entoure le château est le plus grand parc forestier clos d'Europe. Il couvre 5 440 hectares, environ la superficie de Paris ! Pourquoi un parc aussi grand ? Car François Ier était un passionné de chasse, et le mur construit tout autour du château permet d'y maintenir le gibier.

Où ?
Dans la vallée de la Loire

Quand ?
Construit à partir de 1519

Grand comment ?
Long de 156 m,
large de 117 m,
haut de 58 m.

Signe particulier ?
L'escalier double

À la Loupe

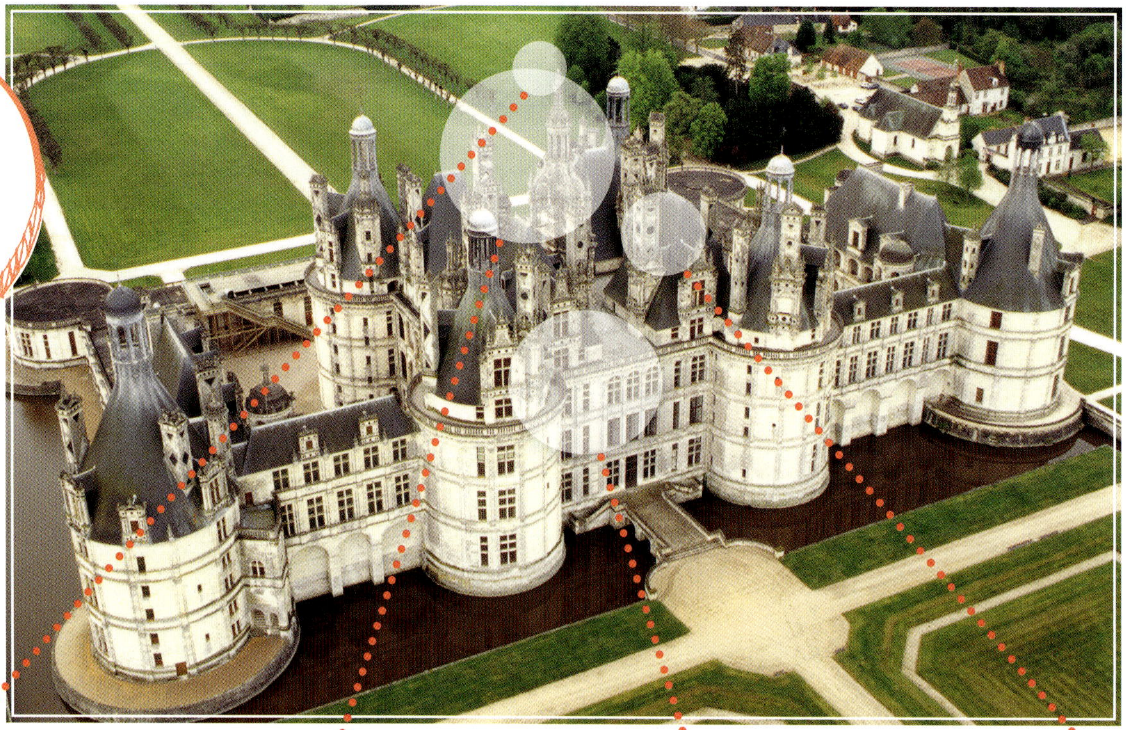

Une fleur au sommet

La tour Lanterne est le point le plus haut du château. Haute de 56 m, elle surplombe le donjon central. À la pointe du clocheton se dresse une fleur de lys, sais-tu pourquoi ? Elle symbolise la royauté.

De quoi perdre le Père Noël...

À Chambord, une légende prétend qu'il y a autant de cheminées que de jours dans l'année ! En réalité il y en a seulement 282, mais c'est déjà un sacré score !

Au spectacle !

François Ier adorait se promener sur les terrasses, car depuis leurs jolies balustrades le point de vue sur le parc est incroyable. De là, François et sa cour pouvaient suivre les chasses, les tournois, les fêtes...

Toujours plus haut

À Chambord, plus on monte, plus la décoration est ouvragée ! Lucarnes, clochetons, pignons sont sculptés et agrémentés de colonnes, de motifs ornementaux ou géométriques.

LA FOLIE DES GRANDEURS !

Chambord, c'est :

12 ans de travaux pour la première partie

•

1 800 ouvriers

•

215 000 m³ de pierre acheminés entre 1527 et 1537

•

48 appartements

•

440 pièces, 365 fenêtres, 84 escaliers, 800 chapiteaux

•

... pour seulement 72 nuits passées à Chambord par François Ier !

C'EST PAS VRAI ?

Pour que Chambord soit encore plus beau, François Ier voulait faire détourner le cours de la Loire, située à 4 km, pour la faire passer devant le château. Mais cette fois, il avait vraiment vu trop grand ! On fit finalement dévier le cours d'un petit affluent, le Cosson, pour alimenter les douves.

VISITE GUIDÉE

Reconnais-tu l'animal qui accompagne l'initiale de François sur les plafonds du château ? C'est une salamandre, l'emblème de François Ier !

L'IDÉE DE GÉNIE

Un escalier révolutionnaire

Situé au centre du donjon, l'escalier central est l'élément le plus extraordinaire de Chambord. Sans doute dessiné par Léonard de Vinci, il comporte deux entrées. Les deux rampes s'enroulent l'une au-dessus de l'autre sans jamais se croiser... Deux personnes peuvent donc monter en se voyant, mais sans se rencontrer !

SCOOP

VISITE DE CHARLES QUINT !

CHENONCEAU,

pour l'amour de Diane de Poitiers

Sa devise

Qui m'enflamme a le pouvoir de m'éteindre.

Nom : de Poitiers
Prénom : Diane
Surnom : « la plus-que-reine »
Née le : 3 septembre 1499
Morte le : 22 septembre 1566
Signe particulier : est réputée pour sa grande beauté
Sa principale rivale : Catherine de Médicis
Son astuce beauté : prend un bain d'eau glacée chaque matin…

C'était qui, Diane de Poitiers ?

Diane est une jeune femme noble, très belle, intelligente et ambitieuse. D'abord amie et confidente du prince Henri (le fils de François Ier), elle devient sa maîtresse – elle a pourtant presque vingt ans de plus que lui ! Quand Henri devient roi de France, il lui offre le château de Chenonceau. L'influence de Diane auprès du roi est telle qu'on l'appelle « la plus-que-reine ». Ce qui suscite la jalousie de la vraie reine, Catherine de Médicis.

Il était une fois… des femmes !

Élégant château-pont édifié au-dessus de l'eau, Chenonceau a une histoire marquée par des femmes. La première est Catherine Briçonnet. Son mari, Thomas Bohier, achète le premier manoir médiéval en 1496. Quand il part se battre en Italie avec François Ier, c'est Catherine qui conduit les travaux, faisant de Chenonceau un château Renaissance. Mais ses enfants, faute d'argent, cèdent la propriété au roi de France.

Une dame chasse l'autre

Quand il monte sur le trône en 1547, Henri II fait cadeau de Chenonceau à la belle Diane, dont il est fou amoureux même s'il est marié à Catherine de Médicis. Diane s'attache tout de suite au château et fait construire le pont reliant les deux rives du Cher. Mais à la mort d'Henri, Catherine se venge : elle chasse Diane de la cour et exige de récupérer Chenonceau. Elle l'embellit à son tour, et y donne les fêtes les plus belles du siècle.

Le sais-tu ?

Durant la Révolution française, Chenonceau échappe à la destruction : dans la région, c'était en effet le seul pont sur le Cher. Il était donc d'une grande utilité.

Incroyable !

Pour son fils François II et sa jeune épouse Marie Stuart, Catherine de Médicis organise une immense fête à Chenonceau où toute la cour est présente. Le parc est entièrement décoré de fontaines, de statues, de colonnes. Trois arcs de triomphe sont installés devant le château et le vin coule en abondance !

Où ?
Dans le Val de Loire

Quand ?
Construit à partir de 1513 sur le domaine d'un château du XIIIe siècle

Grand comment ?
Sa grande galerie mesure 60 m de long

Signe particulier ?
Il enjambe le Cher

À la Loupe

Un vieux donjon

La tour des Marques, séparée par un premier pont du reste du bâtiment, est le seul élément conservé du premier château médiéval (bâti par la famille Marques). On voit encore le chemin de ronde et les mâchicoulis.

Lugubre...

Au deuxième étage, il y a une chambre où tout est sombre et noir : les murs, le plafond, les tentures... C'est celle de Louise de Lorraine qui, désespérée par la mort de son mari Henri III, s'y enferma pendant douze ans, jusqu'à sa propre mort.

Des cuisines sur l'eau

Les cuisines sont aménagées à l'intérieur de l'un des piliers du pont. Là, un escalier mène directement au Cher pour réceptionner la nourriture livrée par bateau. C'est par là que Diane, chaque matin, descendait se baigner en toute discrétion...

Malin !

Chenonceau a quelque chose d'unique parmi tous les châteaux de la Loire : c'est le seul de la vallée, et même dans toute la France, à enjamber un cours d'eau ! C'est Diane qui a l'idée de faire construire le pont qui le relie à la rive gauche du Cher.

L'IDÉE DE GÉNIE

Au-dessus du pont commandé par Diane, Catherine de Médicis fait construire une galerie à double étage. Avec ses 60 m de long, ses 18 fenêtres et ses deux grandes cheminées à ses extrémités, c'est une extraordinaire salle de bal.

ÇA GRIMPE !

L'escalier droit qui mène au premier étage est l'un des premiers construits en France sur le modèle italien. On le monte plus facilement que les escaliers à vis, tournants et souvent étroits. Il offre depuis son palier une belle vue sur le Cher.

VISITE GUIDÉE

L'une des cheminées de la grande galerie est fausse ! C'est en réalité une porte qui mène à la rive gauche du Cher...

C'EST PAS VRAI ?

Pendant la Seconde Guerre mondiale, le château appartient à deux pays ! Il est principalement situé en zone occupée par les Allemands, mais sa galerie-pont mène à la zone française libre sur la rive opposée du fleuve. La Résistance l'utilise donc pour faire passer secrètement des personnes en zone libre... royalement, par la grande galerie !

CHENONCEAU, C'EST :

- Un édifice de 35 m de haut
- Un pont et sa galerie qui pèsent 20 000 tonnes
- 12 000 m² de jardins
- 130 000 fleurs et...
- 850 000 visiteurs par an !

SCOOP

SECRETS DE BEAUTÉ !

À VAUX-LE-VICOMTE,

Nicolas Fouquet en fait trop

Sa devise

Quo non ascendet.*

*Jusqu'où ne montera-t-il pas ?

Nom : Fouquet
Prénom : Nicolas
Fonction : surintendant général des Finances
Né le : 27 janvier 1615
À : Paris
Mort : en mars 1680
À : la forteresse de Pignerol
Signe particulier : un peu trop ambitieux...
Son principal ennemi : Colbert, qui est jaloux et qui veut occuper son poste.

C'était qui, Nicolas Fouquet ?

En 1653, Louis XIV n'a que 15 ans. Il est roi, mais ce sont sa mère Anne d'Autriche et son ministre Mazarin qui gouvernent. Cette même année, Nicolas Fouquet est nommé surintendant des Finances (une sorte de ministre des Finances). Issu d'une famille noble, audacieux et intelligent, Fouquet est rapidement à la tête d'une immense fortune. Mais beaucoup sont jaloux, comme Colbert, qui va persuader Louis XIV de l'éliminer.

Le début de l'histoire

Nicolas Fouquet a 26 ans lorsqu'il achète le domaine de Vaux-le-Vicomte. Vingt ans plus tard, il y fait construire un château unique, parmi les plus beaux de France. Il fait appel aux meilleurs artistes de son époque : l'architecte Le Vau, le peintre Charles Le Brun et le paysagiste Le Nôtre.

Trop beau pour certains...

À Vaux, Nicolas Fouquet s'entoure d'une véritable cour et fait venir les artistes qu'il protège, comme Molière, Charles Perrault et La Fontaine. Il vit comme un prince et... c'en est trop pour le roi : nul n'a le droit d'être plus puissant que lui ! Louis XIV décide de se débarrasser de ce ministre trop encombrant : Fouquet est arrêté en 1661. Jugé puis condamné, il est enfermé dans la forteresse de Pignerol où il restera jusqu'à sa mort, dont on ne connaît pas exactement la date.

Le sais-tu ?

Le château de Vaux-le-Vicomte est la plus grande propriété privée de France inscrite aux Monuments historiques.

Incroyable !

Vaux-le-Vicomte impressionne durablement Louis XIV et son époque. Peu après l'arrestation de Fouquet, le roi s'en inspire directement. Il confie aux mêmes artistes la réalisation de son palais de Versailles. Il fait également fermer l'atelier de tapisseries que Le Brun avait ouvert à Maincy et le déménage à Paris où il devient… la manufacture des Gobelins.

Où ?
À Maincy, à 50 km de Paris

Quand ?
Les travaux commencent en 1653

Grand comment ?
Un château de 100 pièces sur un domaine de 500 ha

Signe particulier ?
Son dôme ovoïdal

C'est nouveau !

Jusqu'alors, les repas se prenaient dans des pièces qui avaient aussi d'autres usages. On y dressait des tables à certains moments, pour certaines occasions. À Vaux, une nouvelle pièce fait son apparition : la salle à manger.

Comme à Rome

Au centre du château, en dessous du dôme, se trouve une grande pièce ovale de 18 m de haut, 19 m de long et 14 m de large. Pour créer ce grand salon, Le Vau s'est directement inspiré des palais des empereurs romains.

De la hauteur

Au XVIIe siècle, les pièces de réception se situent au premier étage. L'architecte Le Vau a une idée géniale : il ajoute un perron pour que le rez-de-chaussée aussi soit en hauteur. Les salons bénéficient ainsi d'une vue magnifique sur les jardins.

Le dôme

Pour édifier le dôme ovale, très rare en France, Le Vau s'est inspiré de l'architecture italienne. La charpente en bois et les ardoises doivent s'adapter à sa forme courbe : d'incroyables prouesses techniques sont nécessaires !

L'IDÉE DE GÉNIE

Quand le visiteur arrive à Vaux et pénètre dans le vestibule, rien n'arrête son regard qui traverse le bâtiment et file directement dans les magnifiques jardins à la française, situés de l'autre côté. Là, le génial Le Nôtre a créé un savant effet de perspective ralentie, c'est-à-dire que plus les éléments (bosquets, bassins, statues) sont éloignés du château, plus ils semblent agrandis.

IL L'A ÉCRIT !

Sur la fête en l'honneur de Louis XIV, Voltaire a eu cette célèbre phrase :

« Le 17 août, à 6 heures du soir, Fouquet était roi de France ; à 2 heures du matin, il n'était plus rien. »

C'EST PAS VRAI ?

D'Artagnan, le héros des livres d'Alexandre Dumas, a vraiment existé ! En 1661, il est capitaine des mousquetaires. C'est lui qui procède à l'arrestation de Nicolas Fouquet.

VISITE GUIDÉE

Sur la façade ou sur les corniches du château, il n'est pas rare de croiser un petit animal avec la queue en panache… L'écureuil est en effet l'emblème de la famille, car le terme « foucquet » signifie « écureuil » en patois de Haute-Bretagne d'où est originaire Nicolas.

SCOOP

ON N'ÉBLOUIT PAS LE ROI-SOLEIL…

À VERSAILLES,

rien n'est trop beau pour le Roi-Soleil !

Sa devise

Nec pluribus impar.*

*Il l'emporte sur tous.

C'était qui, Louis XIV ?

Nom : de Bourbon
Prénom : Louis Dieudonné
Nom de règne : Louis XIV le Grand
Né le : 5 septembre 1638
À : Saint-Germain-en-Laye
Mort le : 1er septembre 1715
À : Versailles
Signe particulier : porte des talons rouges
Son règne : il dure 72 ans : c'est le plus long règne de l'histoire de France.

Il est sacré roi à l'âge de 6 ans, mais c'est à 22 ans, en 1661, qu'il annonce qu'il gouvernera seul. C'est un monarque absolu : son autorité ne se discute pas. Entouré d'hommes capables et dévoués, il réforme la justice et développe l'activité économique. Il protège les artistes car il sait que les arts contribuent à l'éclat de son règne. Mais les quatre guerres qu'il mène en Europe vont appauvrir le pays.

Un petit pavillon de chasse...

Dès 1664, Louis XIV décide de transformer un bâtiment construit par son père en un magnifique palais afin d'éblouir l'Europe tout entière. En effet, selon lui, « rien ne marque davantage la grandeur des princes que les bâtiments ». Il s'entoure donc des plus grands artistes de son époque : les architectes Hardouin-Mansart et Le Vau sont en charge des gigantesques travaux.

... qui devient un palais

Le peintre Le Brun, chargé de la décoration, fait du nouveau palais un chef-d'œuvre à la gloire du Roi-Soleil. Quand Louis XIV s'y installe définitivement avec sa cour en 1682, le château peut accueillir 5000 personnes ! Le roi, qui se méfie des nobles, fait en sorte de les maintenir à Versailles pour les surveiller de près. Mais seuls les princes disposent de beaux appartements, la plupart des courtisans doivent se contenter de petites pièces non chauffées !

Le sais-tu ?

La renommée de Versailles est telle que, partout en Europe, empereurs et rois se lancent dans la construction de châteaux imitant directement celui de Louis XIV !

C'est la fête !

À Versailles, Louis XIV organise des fêtes extraordinaires qui peuvent durer plusieurs jours : buffets somptueux, bals, incroyables feux d'artifice. Ces distractions sont destinées à retenir la noblesse près de lui, mais aussi à impressionner les autres cours d'Europe.

Où ?
À l'ouest de Paris

Quand ?
Un premier château en 1634, transformé à partir de 1662

Grand comment ?
Les bâtiments couvrent plus de 60 000 m^2 et sont en moyenne hauts de 20 m

Signe particulier ?
La galerie des Glaces

À la Loupe

Jeux d'eau

L'eau est l'ornement principal des jardins de Versailles. Cascades, fontaines et bassins se succèdent. Devant le château, un parterre d'eau reflète la lumière, éclairant ainsi la façade de façon parfaitement naturelle !

357 miroirs !

Décorée par le peintre Le Brun, la galerie des Glaces est longue de 73 m et a 17 fenêtres qui donnent sur le jardin. Chaque matin, le roi la traverse et, sur son passage, les courtisans se bousculent, espérant être remarqués.

Le spectacle est dans la chambre

À la fin de son règne, le roi installe sa chambre face au soleil levant. Richement décorée d'étoffe rouge brodée d'or et d'argent, cette pièce accueille chaque jour les cérémonies du « lever » et du « coucher » du roi.

Des jardins bien ordonnés

Les jardins, dessinés par André Le Nôtre, sont organisés selon un plan géométrique. Les bosquets sont harmonieusement taillés, les allées sont rectilignes et les parterres symétriques. Ce sont des jardins « à la française ».

L'IDÉE DE GÉNIE

Alimenter les bassins et les fontaines en eau est un énorme défi : comment faire fonctionner ces milliers de jets d'eau ? Dès 1661, Louis XIV ordonne la construction de la machine de Marly, une énorme pompe hydraulique qui tire l'eau de la Seine, coulant à 8 km de là !

VISITE GUIDÉE

Commencée en 1689, la chapelle royale n'est achevée qu'en 1710. Elle a été conçue pour que le roi puisse s'y rendre directement depuis ses appartements du premier étage. Il assiste ainsi à la messe depuis une tribune.

C'EST PAS VRAI ?

En 1678, pour que les travaux aillent plus vite, Louis XIV interdit à tous les habitants de Versailles de faire des travaux chez eux. Ainsi, tous les ouvriers de la ville peuvent travailler au chantier !

DEVINETTE

À ton avis, combien de pièces peut-on trouver dans le château ?

Réponse : 2 300 !

LE SAIS-TU ?

À Versailles, il y avait aussi une ménagerie abritant des centaines d'animaux : autruches, gazelles, dindons, tigres, ours, crocodiles, et même un éléphant !

SCOOP

UNE JOURNÉE AVEC LOUIS XIV

LE CHÂTEAU DE FONTAINEBLEAU,

une nouvelle vie avec Napoléon Ier

Il l'a dit

Le meilleur moyen de tenir sa parole est de ne jamais la donner.

C'était qui, Napoléon ?

Excellent stratège, Napoléon Bonaparte devient général à 24 ans. Par le coup d'État du 18 Brumaire (1799), il prend le pouvoir. Il est alors premier consul. Le 2 décembre 1804, il est sacré Empereur. C'est le premier Empire. Napoléon réforme la société en profondeur mais, face aux guerres qu'il mène, les États européens s'unissent contre lui. La défaite de Waterloo, en 1815, met fin à son règne.

Nom : Bonaparte
Prénom : Napoléon
Surnom : Napoléon Ier
Né le : 15 août 1769
À : Ajaccio
Mort le : 5 mai 1821
À : Longwood, Sainte-Hélène
Ses passions
la guerre et l'ordre
Son emblème : l'aigle.

Une longue histoire

L'histoire du château de Fontainebleau remonte bien avant Napoléon ! La première mention d'un château dans ce lieu remonte à 1137. Durant tout le Moyen Âge, les rois de France y séjournent. François Ier le transforme en un véritable palais. Il s'y plaît beaucoup, chasse dans la forêt environnante et y invite des artistes italiens. Henri IV fait réaliser les derniers travaux d'agrandissement. Fontainebleau est sa résidence favorite après le Louvre.

Une vraie « renaissance »

Pour Napoléon, Fontainebleau est la « vraie demeure des rois ». Le château, fortement éprouvé lors de la Révolution, est restauré et entièrement remeublé. L'Empereur y vient à plusieurs reprises et organise des réceptions magnifiques, dignes de celles de l'Ancien Régime ! C'est là qu'il reçoit le pape Pie VII la veille de son sacre.

Le sais-tu ?

Quand la cour séjourne à Fontainebleau, les commerçants de la ville en profitent pour relever les prix de façon considérable ! Napoléon, très en colère, décide de fixer des tarifs dont nul n'aura droit de s'écarter...

Incroyable !

En avril 2012, au cours de fouilles archéologiques à Fontainebleau, on a retrouvé une magnifique épingle à cheveux. Elle a sans doute appartenu à Catherine de Médicis puisque le petit objet porte ses armes, c'est-à-dire deux C entrelacés.

Où ?
En Seine-et-Marne

Quand ?
À partir de 1137

Grand comment ?
45 000 m² au sol !

Signe particulier ?
Pendant huit siècles, il fut la résidence des rois de France

Une galerie pour François Ier

Construite sous François Ier (on y trouve des « F » et son emblème la salamandre), cette grande galerie possède un décor unique pour son époque, composé de fresques, de panneaux de bois et de stuc (enduit imitant la pierre) sculpté.

Pas si révolutionnaire...

Napoléon prend le pouvoir après la Révolution et pourtant… il mène une vie de roi ! À Fontainebleau, la salle du trône, magnifiquement décorée, a été installée dans l'ancienne chambre des rois de France…

Un escalier en fer à cheval

Le fameux escalier en forme de fer à cheval est construit par Henri II. Mais il se détériore rapidement et c'estLouis XIII qui le fait reconstruire en 1632. Un chantier qui coûta trente mille écus, une somme énorme pour l'époque !

Petits appartements

Désirant avoir deux appartements privés pour lui et pour Joséphine, Napoléon les fait installer au rez-de-chaussée. Ils permettent aux souverains de s'extraire de la vie de cour qui se déroule au premier étage, dans les grands appartements.

L'IDÉE DE GÉNIE

En 1606, Henri IV fait construire un grand canal de 1 200 m de long pour que les eaux des fontaines du parc s'y déversent. Le roi fait d'ailleurs un pari avec le maréchal de Bassompierre et affirme que le canal peut être rempli en deux jours seulement. Pari perdu : il fallut plus d'une semaine et Bassompierre gagna mille écus, soit près d'un an du salaire d'un officier !

FONTAINEBLEAU, C'EST :

- Un domaine de 130 hectares
- Une surface au sol de 45 000 m^2 répartie sur 11 niveaux
- 2,6 km de façade
- 1 500 pièces
- 5 cours principales couvrant 28 000 m^2

VISITE GUIDÉE

La galerie des Cerfs voit le jour sous Henri IV. Sur les murs, des têtes de cerfs en plâtre et des peintures représentent les châteaux du roi. Cette galerie possède un magnifique plafond à la française (avec poutres apparentes et décorées).

C'EST PAS VRAI ?

Le chiffre d'un roi, c'est sa signature, souvent la première lettre de son prénom. À Fontainebleau, on en voit beaucoup sur les bâtiments : le F de François Ier, le H de Henri IV et, bien sûr, le N de Napoléon !

SCOOP

NAPOLÉON FAIT SES ADIEUX !

À CHANTILLY,

avec le Grand Condé, c'est presque Versailles !

Il l'a dit

Je viens de perdre le plus grand homme de mon royaume.

- Louis XIV, à la mort du Grand Condé -

Nom : de Bourbon, prince de Condé
Prénom : Louis II
Surnom : « le Grand Condé »
Né le : 8 septembre 1621
À : Paris
Mort le : 11 décembre 1686
À : Fontainebleau
Signe particulier : rebelle et orgueilleux, il trahit Louis XIV
Sa passion : le faste.

C'était qui, le Grand Condé ?

Brillant jeune homme, issu de la grande famille des princes de Condé, Louis accumule les succès militaires. Mais, trop ambitieux, il prend la tête de la révolte de la Fronde et se retrouve condamné à mort.
Il passe alors du côté des Espagnols et se bat contre la France.
Louis XIV lui pardonne en 1660 et le rappelle à son service. Il mène de victorieuses campagnes militaires avant de se retirer dans son château de Chantilly.

Il était une fois... une famille !

Durant le Moyen Âge, au cœur de l'une des plus grandes forêts aux abords de Paris, les Montmorency font construire un château médiéval qui est rénové à la Renaissance par Anne de Montmorency, connétable du roi (chef des armées). Il fait dessiner les premiers jardins et ajouter un petit château de plaisance. En 1643, la propriété revient à Charlotte de Montmorency, la mère du Grand Condé.

Au fil des siècles

Le Grand Condé consacre sa fortune à son domaine. Le parc est dessiné par André Le Nôtre et le « grand degré », cette suite de marches qui descend vers le jardin, est édifié. Chantilly devient un lieu de fêtes somptueuses. Le fils et le petit-fils de Louis II continuent les transformations, avec notamment la construction des Grandes Écuries. Le domaine, très abîmé à la Révolution, est entièrement reconstruit au XIXe siècle par son dernier héritier : le duc d'Aumale.

Le sais-tu ?

On raconte souvent que la crème Chantilly a été inventée par Vatel à Chantilly. Mais ce n'est pas vrai. Déjà en Italie au XVIe siècle, on servait de la crème fouettée. Elle aurait été introduite en France par Catherine de Médicis...

Incroyable !

Le château de Chantilly abrite la plus importante collection de livres anciens et de manuscrits après celle de la Bibliothèque nationale. Une collection exceptionnelle qui appartenait au duc d'Aumale.

Où ?
Dans l'Oise, près de Paris

Quand ?
Dès le XIe siècle

Signe particulier ?
Abrite une importante collection de peintures, dessins et livres anciens

Rien qu'à sa gloire !

Dans le petit château, la partie la plus ancienne des lieux, se trouve la galerie des Batailles. Elle est décorée de onze tableaux commandés par le Grand Condé lui-même pour retracer les victoires de sa brillante carrière militaire !

Singeries

Le décor de la Grande Singerie représente des singes servant des hommes, et des hommes servant les singes. Comme La Fontaine avec ses *Fables*, le peintre se moque ici des êtres humains. Même le prince de Condé est représenté en primate !

Mieux que Versailles !

Avant de créer le jardin de Versailles, Le Nôtre aménage celui de Chantilly. Il en fait un parc majestueux aux étendues d'eau immenses. Il transforme la Nonette (affluent de l'Oise) en un canal plus long que celui de Versailles !

Bienvenue !

Du haut de son piédestal, la statue équestre d'Anne de Montmorency domine la terrasse et accueille les visiteurs. Elle a été commandée par le duc d'Aumale qui voulait ainsi rendre hommage à l'un des fondateurs du château.

C'EST PAS VRAI ?

À Chantilly, le célèbre François Vatel n'est pas cuisinier, mais maître d'hôtel. Il est chargé des réceptions et du ravitaillement. En 1671, lors de la venue de Louis XIV à Chantilly, trois jours de fêtes sont organisés. Le vendredi matin, la commande de poissons n'arrive pas. Ne pouvant alimenter les buffets et se jugeant déshonoré, Vatel se suicide avec son épée.

VISITE GUIDÉE

En 1719, le petit-fils du Grand Condé fait construire les Grandes Écuries, véritable palais pour ses chevaux et ses chiens de chasse ! Ces bâtiments, les plus grandes écuries d'Europe, hébergent, encore aujourd'hui, une trentaine de chevaux et un musée consacré au cheval.

L'IDÉE DE GÉNIE

En 1772, le prince de Condé fait aménager un jardin à la mode nouvelle, où l'on cherche à imiter le côté sauvage de la nature : au milieu de vergers et de canaux aménagés, où l'on se promène en pirogue, se dressent cinq maisonnettes. Un endroit enchanteur dont Marie-Antoinette s'est inspirée pour son hameau du Petit Trianon à Versailles.

PENDANT LA GUERRE…

De 1914 à 1916, le maréchal Joffre installe le grand quartier général de l'armée au château de Chantilly. Avec lui, ce sont près de 1 200 personnes qui vont vivre sur le domaine.

SCOOP

UN CHÂTEAU EN HÉRITAGE !

PUZZLE

À RANGER !

Observe les formes des pièces page 45 et trouve leur place dans le puzzle. Il y a une pièce en trop. Laquelle ?

Réponse : La pièce intruse est la H.

A.
B.
C.
D.
E.
F.
G.
H.
I.
J.
K.
L.
M.

LE CHÂTEAU MYSTÈRE

ÉNIGME :

De quel château est issu ce détail ? Utilise ta mémoire, suis les indices et retrouve le château mystère !

Indice n° 1 :

Je ne me situe ni très au sud, ni très au nord, ni très à l'est, ni très à l'ouest de la France. Mais je ne me trouve pas non plus en Île-de-France.

Indice n° 2 :

J'enjambe une rivière.

Indice n° 3 :

Mon histoire est faite de femmes et de vengeances.

Indice n° 4 :

J'ai aidé la Résistance pendant la Seconde Guerre mondiale.

Tu n'as pas encore trouvé ? Tu n'es pas sûr ?
Voici une charade pour ôter tous tes doutes !

- Mon premier est le son que l'on émet pour demander le silence.
- Mes deuxièmes sont pondus.
- Mon troisième exprime le désaccord.
- Mon quatrième accompagne la pelle et le râteau sur le sable !

Réponse : appelé « le château des Dames », le château de Chenonceau se situe près de Tours et forme un pont au-dessus du Cher. Charade : Chhhh – œufs – non – seau.

LES PAIRES

1. 

2. 

3. 

4. 

5. 

RÈGLE :

Teste ta mémoire en retrouvant le nom de chaque château. Si tu as tout bon, tu es devenu incollable sur les plus beaux châteaux de France !

Chambord

Versailles

Chantilly

Haut-Kœnigsbourg

Vaux-le-Vicomte

Carcassonne

Amboise

Chenonceau

Suscinio

Fontainebleau

6. 

7. 

8. 

9. 

10. 

Réponse : 1. Haut-Kœnigsbourg ; 2. Versailles ; 3. Suscinio ; 4. Amboise ; 5. Chantilly ; 6. Fontainebleau ; 7. Vaux-le-Vicomte ; 8. Carcassonne ; 9. Chenonceau ; 10. Chambord.

CRÉDITS ICONOGRAPHIQUES

Couverture :
Hg : © Shutterstock/Pixeljoy.
Hd : © Shutterstock/Leonid Andronov.
Md : © Shutterstock/S-F.
Bg : © Shutterstock/Huang Zheng.
Bd : © Shutterstock/Valery Rokhin.

4e de couverture :
Hg : © Shutterstock/Rolf E. Staerk.
Mg : © Shutterstock/Valery Rokhin.

Intérieur :
p. 5 © Lionel Lourdel/Photononstop. **p. 6 h** © Shutterstock/Netfalls - Remy Musse. **p. 6 m** de gauche à droite : © Shutterstock/Netfalls - Remy Musse. © Shutterstock/Leonid Andronov. © Shutterstock/Pack-Shot. © Shutterstock/Prill. **p. 7 h** © Shutterstock/Matyas Rehak. **p. 7 b** © Shutterstock/Richard Semik. **p. 9** © Shutterstock/steveallenphoto. **p. 10 h** © Shutterstock/Rolf E. Staerk. **p. 10 m** de gauche à droite : © Shutterstock/Weskerbe. © Eurasia Press/ Photononstop. © Shutterstock/ Pe3k. © Shutterstock/Santi Rodriguez. **p. 11 hd** © Shutterstock/StockCube. **p. 11 m** © Shutterstock/florinstana. **p. 13** © Lionel Lourdel/Photononstop. **p. 14 h** © Lionel Lourdel/Photononstop. **p. 14 m** de gauche à droite: © Lionel Lourdel/Photononstop. © Daniel Auduc/ Photononstop. © Daniel Auduc/Photononstop. © Lionel Lourdel/Photononstop. **p. 15 h** et m © Daniel Auduc/Photononstop. **p. 17** © Radius Images / Photononstop. **p. 18 h** © Shutterstock/s74. **p. 18 m** de gauche à droite : © F. Boucher. © E. Sander. © E. Sander. © E. Sander. **p. 19 h** © Jean-Paul Garcin/ Photononstop. **p. 19 m** © Shutterstock/Francisco Javier Gil. **p. 21** © Shutterstock/Vladimir Sazonov. **p. 22 h** © Nicolas Thibaut/Photononstop. **p. 22 m** de gauche à droite : © Shutterstock/Boerescu. © Shutterstock/wjarek. © Shutterstock/Valery Rokhin. © Shutterstock/wjarek. **p. 23 h** © Shutterstock/ wjarek. **p. 23 m** © Shutterstock/NaughtyNut. **p. 25** © Shutterstock/Huang Zheng. **p. 26 h** © Shutterstock/Elenabum. **p. 26 m** de gauche à droite : © Shutterstock/Brykaylo Yuriy. © Alain Cassaigne/Photononstop. © Shutterstock/Ioan Panaite. © Shutterstock/Elenabum. **p. 27 hd** © Shutterstock/Pigprox. **p. 27 mg** © Shutterstock/Kate Connes. **p. 29** © Shutterstock/Luca Grandinetti. **p. 30 h** © Shutterstock/Netrun78. **p. 30 m** de gauche à droite : © Alain Cassaigne/Photononstop. © Shutterstock/pio3. © Shutterstock/pio3. © Shutterstock/Valery Rokhin. **p. 31 h** © A.J.Cassaigne/Photononstop. **p. 31 mg** © Shutterstock/Kiev.Victor. **p. 33** © Christophe Lehenaff/Photononstop. **p. 34 h** © Shutterstock/ ivan bastien. **p. 34 m** de gauche à droite : © Shutterstock/ Pecold. © Shutterstock/Dainis Derics. © Shutterstock/Vixtor Torres. © Shutterstock/Filip Fuxa. **p. 35 hm** © Shutterstock/lexan. **p. 35 mg** © Shutterstock/ Jose Ignacio Soto. **p. 37** © Chris der Grosse/Photononstop. **p. 38 h** © Shutterstock/PlusONE. **p. 38 m** de gauche à droite : © Shutterstock/walter_g. © Daniel Thierry/Photononstop. © Shutterstock/Pack-Shot. © Alain Cassaigne/Photononstop. **p. 39** de gauche à droite : © Shutterstock/Tupungato. © Shutterstock/ walter_g. **p. 41** © Shutterstock/Evgeny Shmulev. **p. 42 h** © Lionel Lourdel/Photononstop. **p. 42 m** de gauche à droite : © Lionel Lourdel/Photononstop. © A.J.Cassaigne/Photononstop. © Shutterstock/Vitaly Titov & Maria Sidelnikova. © Shutterstock/Kiev.Victor. **p. 43 hm** © Shutterstock/Thomas Barrat. **p. 43 m** de gauche à droite : © Shutterstock/Kiev.Victor. © Shutterstock/Sasha64f. **p. 44** © Shutterstock/Leonid Andronov. **p. 45** © Shutterstock/Brykaylo Yuriy. **p. 47 1.** © Shutterstock/Netfalls - Remy Musse. **2.** © Shutterstock/Pixeljoy. **3.** © Shutterstock/Hartmut Albert. **4.** © Shutterstock/Apgestoso. **5.** © Shutterstock/Evgeny Shmulev. **6.** © Shutterstock/PlusONE. **7.** © Shutterstock/Luca Grandinetti. **8.** © Shutterstock/Rolf E. Staerk. **9.** © Shutterstock/ Huang Zheng. **10.** © Shutterstock/Vladimir Sazonov.

Habillage maquette :
Shutterstock.com : cadres © Maaike Boot.